17,00

Sobre Alice

Calvin Trillin
───────────

Sobre Alice

EDITORA
GLOBO

Para nossos netos

Izzy, Toby, Rebecca e Nate

I

Agora que está na moda revelar detalhes íntimos da vida dos casais, posso declarar em público que minha mulher, Alice, tem a estranha propensão de limitar nossa família a três refeições por dia.

ALICE, LET'S EAT

UMA DAS CARTAS de condolências me deu vontade de rir. Várias, é claro, me fizeram chorar. Estranhamente, algumas vieram de gente que nunca conheceu Alice. Pessoas que se acostumaram a ela como personagem dos meus livros e artigos de revista – livros leves, e artigos sobre viagens, gastronomia ou vida em família. Quase todas as cartas começavam do mesmo jeito, com uma frase do tipo "Apesar de nunca ter realmente conhecido Alice...". Eu sabia exatamente qual seria a resposta de Alice. "Estão certos", ela diria. "Nunca me conheceram."

Certa vez escrevi que histórias sobre famílias de escritores tendem a estabelecer uma relação com a vida real que pode ser comparada aos programas de televisão, dentro de um espectro que vai dos humorísticos aos filmes dramáticos, e que minhas histórias estavam na categoria de humorísticos. Agora, pensando bem, talvez estivessem mais para os desenhos animados das manhãs de sábado. Alice fazia o papel da mãe – a voz da razão, a pessoa sensata que man-

tinha a harmonia mesmo diante das palhaçadas de seu marido levemente abobalhado. Há muitos anos, durante um congresso de professores de inglês para o qual nós dois havíamos sido convidados, o professor que nos apresentou para a platéia disse algo mais ou menos assim: "Alice e Bud são como Burns e Allen, só que ela é o George e ele é a Gracie".*
É isso mesmo. O papel que ela interpretava nas minhas histórias era inspirado no papel que interpretava na nossa família – de vez em quando, eu e minhas filhas a chamávamos de G.M., ou Grande Mãe –, mas ela não fazia os trejeitos exagerados dos programas humorísticos. Além disso, nunca ficou totalmente à vontade no papel de responsável por manter a harmonia; a pessoa que faz isso sempre perde parte da diversão. (Em uma crítica sobre *Alice, Let´s Eat* (Alice, vamos comer), publicada na *Nation*, ela declarou: "Tenho vontade de me libertar da personagem certinha". O artigo alertou os leitores que pensavam em desistir do velho plano de passar férias na Europa para o fato de que valia a pena vasculhar a região em busca do "pernil de furão assa-

---

* Referência a *The George Burns and Gracie Allen Show*, programa humorístico estrelado pelo casal de atores George Burns e Gracie Allen, sucesso da TV americana nos anos 1950. (N. do T.)

do" perfeito.) Às vezes o formato do humorístico fazia-a parecer sábia e sisuda, mas ela não tinha nada de sisuda. Tinha, sim, algo que lembrava a capacidade de deslumbramento de uma criança. Foi a única pessoa adulta que conheci capaz de reagir assim à visão de um cervo durante uma caminhada pela floresta: "Chocante!" Uma vez, durante uma sessão de perguntas e respostas após uma palestra que dei no teatro Herbst em São Francisco, alguém perguntou o que Alice achava da maneira como era retratada em meus livros e artigos. Respondi que ela achava que minha descrição fazia-a parecer aquilo que ela chamava de "uma nutricionista que calçava as sandálias da sensatez". Então a mesma pessoa perguntou se Alice estava na platéia e, quando eu disse que sim, perguntou se ela se incomodaria em aparecer. Alice se levantou. Estava um estouro, como sempre. Não falou nada. Simplesmente se abaixou, tirou uma das sandálias – sandália que parecia ter custado a mesma quantidade de dinheiro necessária, em certas regiões, para sustentar uma família de quatro pessoas durante um ou dois anos – e, sorrindo, acenou com a sandália na mão. Ela não era uma nutricionista que calçava as sandálias da sensatez, e estaria certa em dizer que as pessoas às quais ela havia sido exposta pelas minhas histórias não a conheciam. Ainda assim, nas semanas seguintes à sua morte fiquei emocionado com as cartas dessas pessoas. Talvez elas não tivessem conhecido Alice, mas conheciam meus sentimentos por ela. Fiquei surpreso que tivessem percebido isso a partir de histórias que eram essencialmente como programas humorísticos – mesmo depois de assistir a quase todos os episódios de *The Honeymooners*. Afinal de contas, nunca me ocorrera a idéia de refletir sobre os sentimentos que Ralph Kramden tinha por Alice Kramden.* Mas recebi muitas cartas parecidas com a da moça de Nova York, que escreveu dizendo que de vez em quando olhava para o namorado e pensava: "Será que ele vai me amar do jeito que Calvin ama Alice?".

A carta que me deu vontade de rir veio de Roger Wilkins. Quando Alice morreu, ele ocupava a cátedra de cultura americana e história da Universidade George Mason. Mas, nos anos 1970, ele fizera parte do conselho editorial do *New York Times*. Naquela época, eu costumava participar dos almoços

---

* Série humorística da TV americana dos anos 1950, *The Honeymooners* tinha como personagens principais Ralph Kramden e sua mulher, Alice. (N. do T.)

que ele sempre fazia com o finado Richard Harris – um extraordinário repórter investigativo da *New Yorker*, cuja visão de mundo fria e determinada era típica dessa profissão. Alice e Roger se conheceram quando ela me acompanhou a um congresso que cobri em Nova Orleans. Nos momentos de folga, quando nos reuníamos na piscina do hotel, ela e Roger tinham conversas longas e sérias. Não era raro encontrar Alice tendo conversas longas e sérias com gente com quem eu batia papo havia anos. Ela se apaixonava pela vida das pessoas. Quando perguntava "E a escola?" para o filho ou a filha de um amigo, não estava apenas sendo educada; ela queria detalhes, e não tinha pudor em dar conselhos. Se visitávamos alguém que mencionava a idéia de reformar a casa, Alice já estava por dentro, quarto por quarto. Durante essas conversas arquitetônicas ela podia ser mandona, e às vezes eu me sentia forçado a alertar os anfitriões para o fato de um dos gestos característicos dela – o gesto que ela fazia quando dizia algo como "vocês têm que derrubar essa parede" – ser extremamente parecido com o gesto que alguém faria se estivesse jogando dinheiro pela janela.

Ela não era do tipo que reagia a tragédias ou perdas simplesmente oferecendo manifestações tradicionais de solidariedade, para logo em seguida ir cuidar da vida. Em 1988, um velho amigou telefonou para contar que sua filha adulta, uma moça que conhecíamos desde a infância, havia sido estuprada por um homem que invadiu a casa da família. Isso aconteceu mais de dez anos depois de Alice ter sido operada por conta de um câncer de pulmão, e uma das coisas que ela escreveu para a filha do nosso amigo foi que ter câncer de pulmão e ser estuprada eram coisas comparáveis apenas no sentido de ser o que ela chamava de "concretização dos nossos piores pesadelos". Ela disse que havia uma sensação de alívio por sobreviver a uma situação à qual, imagina-se, é impossível sobreviver. "Ninguém jamais pediria para ter câncer ou ser estuprado", escreveu. "Mas não se pode escolher, pode-se pelo menos compreender o que Ernest Becker quis dizer quando escreveu que 'viver por inteiro é ter consciência do ruído surdo de terror que permeia tudo', ou começar a compreender a fala de *Rei Lear* – 'Estar preparado para tudo'. Você poderia ter escolhido se preparar para tudo de uma forma menos drástica ou perigosa, mas pode, ao menos, degustar a maturidade." Alice tinha um envelope grande onde guardava cópias de cartas como esta – junto com cópias de cartas que ela havia mandado para as meninas, cópias de poemas que tínhamos escrito para ela em ocasiões como aniversários, e documentos como o comunicado sobre um prêmio de trabalho comunitário que Abigail, nossa filha mais velha, havia recebido em Yale, ou uma impressionante carta de recomendação que um professor havia escrito para Sarah, nossa filha mais nova, quando ela se candidatou ao primeiro emprego depois de terminar seu mestrado em Serviço Social. No envelope, estava escrito "Coisas Importantes".

Na carta de condolências, Roger falava um pouco desse jeito apaixonado de Alice, mas também mencionava sua aparência. Em setembro de 2001, poucos dias depois da morte de Alice, ele escreveu: "Ela era legal, era cuidadosa, era inteligente, e quando conversava com alguém, concentrava-se na pessoa. Além disso, ela era muito bonita. Sempre achei você um cara muito bacana, mas mesmo assim eu não conseguia entender como você fisgou Alice. Uma vez Harris me disse que tinha sido pura sorte." Quando li isso, caí na gargalhada. Mais uma vez, Harris matou a charada.

II

Quando sou abordado por jovens em busca de sabedoria sobre o que fazer para encontrar alguém com quem tenham boas chances de viver um casamento duradouro e feliz, a única estratégia que posso extrair de minhas experiências em busca de uma esposa é "circulem pelas festas certas".

Family Man

A FESTA FOI ORGANIZADA no final de 1963 pela *Monocle*, uma revista falida de sátira política. As festas da *Monocle* pareciam melhorar à medida que a situação financeira da revista ficava mais sombria. Outros três ou quatro casais que tinham alguma ligação com a *Monocle* se conheceram e acabaram se casando; todas essas uniões, conhecidas lá em casa como "casamentos *Monocle*", foram duradouras. Já comentei com o fundador da *Monocle* – Victor Navasky, ele mesmo agraciado com a felicidade de um casamento *Monocle* – que sua invenção teve vida mais longa como casamenteira do que como revista. Alice tinha a tese de que a *Monocle* existira apenas para que todo mundo se casasse, projeto que exigiu festas cada vez maiores. Uma vez que o objetivo fora atingido, era natural que a revista fosse à falência.

Quando vi Alice naquela festa da *Monocle*, ela estava de chapéu. Pelo menos me lembro dela usando um chapéu. Mais tarde, ela insistiu que nunca teve um chapéu como o que descrevi. Pode ser, mas ainda consigo vê-la com o chapéu

– um chapéu branco, meio inclinado para o lado. As bochechas estavam levemente coradas. Ela era loira, naquela época usava o cabelo liso, e as sobrancelhas eram um tom mais escuras que o cabelo. (Nossa neta mais velha, Isabelle Alice, nascida em 2002, tem exatamente as mesmas cores. Talvez isso explique por que não consigo parar de olhar para ela.) O chapéu não era a única diferença nas lembranças que cada um de nós tinha daquele encontro. O pai de Alice crescera numa região rural da Carolina do Norte, numa família batista de nome Stewart, mas a mãe dela era judia – um grande alento para minha própria mãe judia quando lembrei a ela que, de acordo com a antiga crença hebraica em descendência matrilinear, qualquer filho de mãe judia é também judeu. Apesar de haver quem achasse Alice a essência da *shikse*, sempre afirmei ter perguntado a Navasky, ao vê-la no salão aquela noite: "Quem é aquela judia bonitinha ali ao lado da jarra de ponche?". Alice sempre disse que eu tinha inventado essa história e que, além do mais, não havia nenhuma jarra de ponche.

Conforme Roger Wilkins escreveu mais tarde, ela era linda demais. Mas não foi essa a primeira coisa que me impressionou nela; acho que me dei conta da beleza uns dois ou três segundos depois. A primeira impressão era de que ela parecia estar mais viva do que qualquer pessoa que eu vira antes. Parecia brilhar. Mal nos falamos naquela noite, não sei exatamente por quê. Mas, duas semanas depois, já tendo feito alguma investigação, tendo me liberado de outros compromissos e tendo encarado como boato o comentário vago de um conhecido sobre o fato de Alice estar praticamente noiva, dei um jeito de ir à outra festa onde sabia que iria encontrá-la. Eu não podia dizer que estava lá por acaso; nos assuntos do coração, mesmo quem depende da sorte precisa tomar algumas iniciativas calculadas. Naquela segunda festa, consegui conversar bastante com ela. Na verdade, acho que praticamente não calei a boca. Eu parecia um humorista iniciante que acabara de ser informado sobre a presença de um empresário do *Tonight Show* na platéia. Anos mais tarde, quando se lembrava daquela festa, Alice dizia: "Você nunca mais foi tão engraçado quanto naquela noite".

"Quer dizer que meu ponto alto foi em dezembro de 1963?", eu perguntava, vinte ou até trinta anos depois.

"Lamento dizer que sim."

Mas nunca desisti de tentar me equiparar àquela noite – não apenas nas tentativas de diverti-la, mas de impressioná-la. Décadas mais tarde – quando já estávamos casados havia mais de trinta e cinco anos, quando nossas filhas já estavam crescidas – eu continuava querendo impressioná-la. Sabia que, caso decepcionasse Alice em alguma coisa importante – caso eu a levasse a concluir que ela deveria ter dito não quando, ao término da minha desesperada apresentação humorística, perguntei se ela queria jantar comigo – eu ficaria arrasado.

Um ano antes de Alice morrer, li no *New York Times* o obituário de Mary Francis, que fora casada durante cinqüenta anos com Dick Francis, escritor inglês de romances de mistério. "Acho que não vou escrever mais nada além de cartas", era a declaração de Dick Francis reproduzida pelo jornal. "Ela era uma parte gigantesca do meu trabalho." Mary Francis, tudo indicava, participava tão ativamente do trabalho do marido, especialmente fazendo pesquisas, que ele considerava seus romances como obras conjuntas. Ela freqüentara bons colégios, e Dick Francis tinha consciência de ser um escritor que largara a escola aos quinze anos para tornar-se jockey. O artigo sugeria que talvez ele fosse incapaz de escrever um livro sem a ajuda da mulher. Mas eu fiz uma leitura diferente de sua relutância em escrever romances sem ela. Para mim, isso significava que ela era a pessoa que ele queria impressionar.

Eu mostrava todos os meus rascunhos a Alice – em parte porque suas opiniões eram valiosas, em parte porque eu tinha a esperança de impressioná-la. Se o artigo deveria ser engraçado, o som de sua risada no quarto ao lado era uma tremenda recompensa. Até o momento em que concluí que as últimas palavras eram piegas demais, a dedicatória do primeiro livro que escrevi depois de conhecer Alice – uma coletânea de contos de humor – dizia: "Estes contos foram escritos para Alice – para fazê-la dar risadinhas." Quando eu escrevia "Para Alice" na dedicatória de um livro, estava sendo literal. Nesse sentido, o título de seu obituário no *Times* estava literalmente correto, assim como na ordem certa: ela era descrita como "Educadora, Escritora e Musa". Quando Alice morreu, eu estava revisando as provas de um livro sobre o problema de estacionamento em Nova York. O tema era tão bobo que eu teria hesitado antes de mandar o livro para uma editora, caso Alice, para sua própria surpresa, não tivesse gostado. O romance foi publicado com uma dedicatória que dizia: "Escrevi este livro para Alice. Na verdade, escrevi tudo para Alice".

III

Diálogo com alguém que não acredita que Alice tem cinqüenta anos

"*Impossível*", diz.
"*Não pode ser.*
Eu achava que pediam a identidade
dela na porta do bar."
"*Eu sei, eu sei.*
Ela ainda tem aquele brilho juvenil que
faz as pernas dos rapazes tremerem.
Mas ela tem cinqüenta anos.
Eu vi os documentos."

Family Man

Nunca passou pela minha cabeça que a beleza pode trazer dificuldades. É o tipo de problema que nunca tive de enfrentar. É claro que existem muitas vantagens em ser bonito. Certa vez escrevi sobre nossa viagem à Itália, e sobre como eu chamava Alice de *la principessa* porque isso melhorava o atendimento nos hotéis. Mas com freqüência ela era tratada como uma princesa, mesmo que eu não tivesse a intenção de dar uma conotação de realeza à expressão. Como outras mulheres atraentes, ela sempre ultrapassava o limite de velocidade, pois sabia que todos os policiais que a abordavam davam-lhe advertências, e não multas. Nas festas, ela sempre atraía homens do tipo que eu chamava de "o cara do cachimbo", interessados em impressioná-la com sua *finesse* e repertório intelectual. No caminho para casa, enquanto comentávamos a festa, ela dizia: "ele nem estava fumando cachimbo", e sabia exatamente a quem eu me referia quando mencionava "o cara do cachimbo". "Aliás, acho que nenhum desses 'caras do cachimbo' estavam realmente fumando cachimbo."

"É mesmo?", eu dizia. "Eu jurava que ele estava socando o fumo, ou seja lá o que for, quando fez aquele comentário sobre as falhas no pensamento de Derrida."

Não era de surpreender que Alice atraísse os caras do cachimbo. Eles eram inofensivos, e não tenho moral para criticar alguém que quisesse impressioná-la. O que me surpreendia – e até hoje me intriga – é que alguns homens se mostravam hostis antes mesmo de ela dizer "prazer em conhecer". De vez em quando, algum homem que acabara de conhecer Alice parecia determinado a ser desagradável ou grosseiro logo de saída – lembro-me de um advogado no sul da França e de um executivo de finanças em Manhattan. No livro *St. Urbain's Horseman* (O cavaleiro de St. Urbain), talvez meu romance favorito de Mordecai Richler, o protagonista sugere que os homens que reagiam de forma agressiva à sua linda mulher estavam "secos para se vingar de uma rejeição que podiam prever, mas que eram covardes demais para enfrentar". Talvez isso explicasse a reação irritada de alguns homens à presença de Alice, mas não explicava a reação de outros – aquele advogado na França, por exemplo, que era gay. Que sentido teria, para ele, um ataque preventivo?

Era mais fácil explicar a hostilidade calada e habitual de algumas mulheres. Logo depois que nos casamos, fiz um comentário sobre como Alice reagia quando éramos apresentados a algum casal: se ela dizia "foi ótimo, tomara que a gente se veja de novo", provavelmente a metade feminina do casal era bonita, além de ter outras qualidades. Eu tinha a impressão de que a presença de duas mulheres especialmente bonitas em um jantar causava uma tensão competitiva que poderia prejudicar a digestão – devo ter tirado essa impressão dos filmes de Hollywood que falam sobre Hollywood. Perguntei a ela: "Você fica mais à vontade com mulheres bonitas porque assim não precisa se preocupar em ofender ninguém?". Alice me olhou como se eu tivesse me intrometido em um assunto particular.

As tradicionais dificuldades da beleza eram exacerbadas pelo fato de que Alice não parecia ser quem era. À primeira vista, sua aparência – especialmente quando combinada às roupas do tipo que nenhuma nutricionista usaria e aos aspectos frívolos de seu passado (Condado de Westchester, Wellesley) – poderia sugerir alguém mimado ou presunçoso. No meio que freqüentara o ensino médio público nos anos 1950, como era meu caso e o dela, não se esperava que meninas bonitas fossem inteligentes, nem mesmo simpáticas. Bastava ser bonita. Alice sempre afirmou que não era considerada musa da turma no colégio, mas que tinha o constrangedor título de crânio da turma – constrangimento registrado no livro de formatura, em que sua foto aparece ao lado da foto do menino mais inteligente da classe, um pateta especialista em régua de cálculo nos tempos em que os computadores ainda não existiam para salvar os meninos patetas do castigo eterno. Ela sempre lembrava que, ano após ano e depois de repetidos testes, havia sido recusada como chefe de torcida. E, supostamente por causa da fama de crânio da turma, dizia que nunca arrumava namorado.

Os pais de Alice não tinham condições de garantir grandes mimos. Ela foi criada em uma família que vivia mal das pernas financeiramente, rodeada por lares mais prósperos que o dela. Seu pai saíra da Carolina do Norte ainda na adolescência, e nunca mais voltara. Era um inventor autodidata. Nos anos 1930, ele havia tirado a sorte grande com uma engenhoca que dava troco em máquinas de refrigerante.

Conseguiu um escritório no Empire State Building, onde aconteceu de a mãe de Alice trabalhar como secretária. Eles compraram uma casa grande, feita de pedra, com piscina ornamentada e pista de boliche no porão, em Greenhaven – região cara de Westchester, no estreito de Long Island, cujos moradores, na lembrança de Alice, tinham uma consciência irritante de suas posses materiais e de ter vizinhos com nomes conhecidos em Hollywood. Mas a empresa que o pai de Alice fundou para fabricar e vender suas invenções faliu, mais ou menos na mesma época em que ela nasceu. Ele nunca mais tirou a sorte grande. Até onde sei, depois disso ele se virou com financiamentos de investidores para pesquisa e desenvolvimento. Até que os Stewarts se mudassem para um endereço mais modesto, em Harrison, quando Alice tinha cerca de treze anos, eles conseguiram continuar na casa alugando-a durante o verão, enquanto Alice ia para uma colônia de férias escolhida em parte por conta do preço razoável, e os pais ficavam em um apartamento sublocado.

Sempre achei que deve ser mais triste ser um homem de negócios sem dinheiro do que, sei lá, um poeta sem dinheiro, ou um carvoeiro sem dinheiro. É uma derrota justamente no jogo que se escolheu jogar. O pai de Alice nunca parou de acreditar no jogo, e parecia ter certeza de que a volta por cima era apenas uma questão de tempo. Como não queria que a filha dependesse de bolsa de estudos, organizou um calendário de pagamentos para arcar com os custos das mensalidades de Wellesley. Ele era um sujeito afetuoso – talvez fosse generoso demais para o mundo dos negócios. Era extremamente otimista, qualidade que Alice acreditava ter herdado na íntegra. "Você disse que boa parte do que parece ser otimismo é, na verdade, negação", escreveu ela certa vez para nossa filha mais nova, Sarah. "Você tem razão. Meu pai vivia em estado de negação quase o tempo todo." Em uma ocasião, a casa dos pais de Alice pegou fogo – quando o pai já estava velho demais para correr atrás de patrocinadores interessados em seu sonho de inventar uma máquina para vender revistas *Playboy*, ou qualquer coisa do gênero, e quando a mãe estava afundando num estado que mais tarde revelou-se um Mal de Alzheimer em estágio inicial. A tragédia do incêndio aconteceu depois de uma série de contratempos que Alice tinha dado um jeito de resolver. Lembro-me do pai dela no dia seguinte, acariciando a mão de Alice, dizendo: "Filhota, não quero que você se preocupe com nada". Se Alice não tivesse se preocupado com nada, ele não teria conseguido se reerguer; mas sei que ele estava realmente falando sério quando disse aquilo.

Quando estávamos com trinta e poucos anos, percebi que era possível dividir nossos conhecidos entre o grupo dos que ainda dependiam dos pais – financeira ou emocionalmente, ou de alguma outra forma – e os que já tinham passado dessa fase, e até mesmo invertido os papéis. Nunca fiz um estudo para saber se essa divisão determina a forma de as pessoas encararem o que tem de ser encarado na vida – pequenas questões de logística e manutenção, conhecidas lá em casa como Caca Administrativa, ou grandes questões, na linha de doenças graves e catástrofes financeiras. Mas sempre parti do pressuposto de que a responsabilidade de Alice em relação aos pais tinha a ver com sua tendência a se concentrar e resolver sistematicamente qualquer problema que aparecesse. Quando a conheci – ela tinha uns vinte e cinco anos e ensinava Inglês na Universidade Hofstra –, ela já havia tomado empréstimos bancários para sustentar o pai nos períodos de seca, quando não havia investidores. No final dos anos 1970, ela escreveu um artigo sobre os pais que começava assim: "Quando minha filha Abigail tinha três anos e minha mãe sessenta e três, Abigail perguntou: 'Mamãe, por que é que às vezes você parece ser a mamãe e a vovó parece ser a filhinha?'". Com o tempo, à medida que a saúde e as finanças de seus pais decaíam, Alice, filha e praticamente parente única, adquiriu mais experiência em manter a harmonia do que qualquer mãe de programa humorístico. Quase sempre ela estava cuidando de alguma outra pessoa ao mesmo tempo — um ex-aluno que não conseguia arrumar emprego, uma amiga que estava passando por uma fase ruim, uma tia-avó incapaz de atravessar o calvário exigido para receber o benefício da Previdência e, cada vez mais, gente enfrentando a terrível e enlouquecedora experiência de algum tratamento de câncer. Havia tantos pacientes com câncer, e o envolvimento de Alice com eles era tão radical, que sempre esperei pelo dia em que um representante do Conselho Regional de Medicina ia bater à nossa porta e acusá-la de exercício ilegal da profissão. No enterro de Alice, nossa amiga Nora Ephron descreveu os que estavam sob sua proteção como "qualquer um que ela amasse, ou de quem gostasse, ou conhecesse, ou conhecesse alguém que conhecesse, ou que nunca tivesse visto antes na vida, mas tivesse ficado conhecendo depois que a pessoa achou o telefone na lista e ligou".

De vez em quando eu percebia a expressão amargurada de uma mulher sentada na mesa em frente à nossa em um restaurante, e pensava: "A aparência dela não é culpa de Alice". Mas isso não era de todo verdade. Alice se cuidava. Tinha consciência da própria beleza: quando ela e as amigas comentavam os tempos de colégio, parecia que todo mundo em Wellesley sabia exatamente quem eram as três moças mais bonitas da turma, assim como poderiam dizer exatamente quem eram os três melhores jogadores de bridge. Ela gostava de estar bonita, sempre. Quem não gosta? Não são só os guardas de trânsito que reagem de um jeito diferente às mulheres bonitas.

Alguns anos após o nascimento de Sarah – acho que Alice estava com trinta e cinco – um conhecido nosso teve de pagar seus pecados aceitando a tarefa de coordenar uma edição de moda da *Times Magazine*. Ele decidiu trocar as modelos profissionais por trabalhadoras, que seriam fotografadas usando as novas coleções de primavera. O editor perguntou a Alice se concordava em participar. Ouvimos as promessas de sempre sobre as maravilhosas cópias que receberíamos das fotos de Alice, e talvez de Abigail e Sarah, que seriam tiradas pelo famoso fotógrafo Doug Kirkland.

Apesar de ter participado de ensaios semelhantes quando estava na faculdade, Alice ficou em dúvida. Acabou aceitando, em parte porque o potencial de constrangimento do texto que acompanharia as fotos era reduzido, considerando o fato de que seria escrito por mim. (No artigo, eu dizia que Alice nunca lia revistas de moda, e por isso eu sempre ficava impressionado com sua capacidade de comentar em detalhes alguma roupa que eu achava bizarra, "como se eu fizesse uma observação despretensiosa sobre o significado de uma inscrição numa ruína em Oaxaca e ela reagisse com uma tradução fluente do Tolteca".) A manchete da revista dizia "Professora universitária, mãe e esposa".

Mais tarde, ela escreveu sobre como a responsabilidade de resolver os problemas dos pais a fazia sentir-se tão vulnerável quanto uma criança. "Apesar de não gostar da idéia de que meus alunos me vissem retratada em uma situação tão fútil, quando o suplemento de moda do *Times* publicou fotos minhas com minhas filhas percebi que estava ansiosa para que alguns médicos, que tinham me desprezado pelo telefone, vissem que eu era uma pessoa respeitável. Cheguei a levar um exemplar a mais para meu pai, de forma que ele pudesse mostrá-lo aos funcionários da casa de repouso onde ele e minha mãe moravam – como se isso fosse garantir que as enfermeiras respondessem mais rapidamente a seus chamados, só porque viram que a filha dele saiu no *Times*. E acho que teria realmente garantido. Porque, ao entrar nesse terreno, fui reduzida aos valores de 1948 em Greenhaven, quando eu tinha dez anos de idade."

Realmente recebemos cópias bonitas da sessão de fotos. Uma delas ainda está na minha mesa de cabeceira. É um retrato de Alice usando um chapéu. A foto que aparece na capa do programa da missa fúnebre é outra. A foto do programa – que escolhi por saber que era uma de suas preferidas – foi tirada quando fomos à Itália comemorar os cinqüenta anos de Alice. Passados onze daquela viagem, fiz uma continuação para o poema que tinha escrito quando ela completou cinqüenta, chamada "Esclarecimentos para Quem Ainda não Consegue Acreditar que Alice tem Cinqüenta Anos – Onze Anos Depois". A primeira estrofe era assim:

"*Por Deus, como mentes,*
Ou precisas de novas lentes.
A rapariga diante do meu nariz
Sem dúvida pertence à Geração X."

Embevecidos, até hoje estão
Hipnotizados por seu condão.
O viço de sua beleza é de tal forma abissal
E, no entanto, ela se lembra da Segunda Guerra Mundial."

Mais ou menos nessa época, durante um fim de semana na casa que tínhamos em Nova Jersey, Alice voltou da visita anual que fazia a um viveiro de plantas e disse: "Aconteceu."

"O que aconteceu?"

"Tomei uma multa por excesso de velocidade", disse ela. "Foi o mesmo guarda que me deu uma advertência, no mesmo lugar, quando fui comprar plantas no ano passado."

"Tenho a impressão de que este é o significado da palavra advertência", eu disse. "Se você comete o mesmo erro, no mesmo lugar, eles são praticamente obrigados a multar, mesmo que você seja um monumento."

Ela parecia não estar escutando. "Acho que perdi o brilho", disse.

"Parece que andam contratando muitos guardas gays", eu disse. "Sou a favor, é claro, mas isso muda as variáveis da equação."

Ela sorriu. Não gargalhou, mas sorriu.

IV

*Como tenho na família uma intelectual
à minha disposição, sei que posso sempre
contar em conseguir a tradução de palavras
como "holístico" ou "heurística", caso seja
rigorosamente necessário – se elas aparecerem
numa placa de trânsito, por exemplo,
num cardápio ou num formulário
para tirar visto.*

UNCIVIL LIBERTIES

EM ALGUM MOMENTO no final dos anos 1960, mencionei por acaso a um colega mais velho da New Yorker que eu costumava mostrar meus rascunhos para Alice. Em tom afável, ele disse que isso não era sensato. Alegou que qualquer escritor, mesmo aquele com total consciência das falhas do esboço que acaba de entregar, espera que a reação a um rascunho seja: "Genial! Não precisa mexer em nada!". Segundo ele, reações francas, se fossem freqüentes, seriam um fardo para qualquer casamento – e ele não tinha dúvidas de que Alice seria franca. Ele tinha razão: às vezes eu a ouvia literalmente suspirar enquanto lia um rascunho, sinal de que os comentários não seriam os mais animadores. Uma vez, quando eu estava saindo em viagem de trabalho para fazer uma reportagem, entreguei a ela o rascunho de um livro sobre um colega meu de faculdade. Na volta, descobri que ela havia escrito um comentário de duas ou três páginas, no qual argumentava, em detalhes, que o livro ficaria bem melhor se eu escrevesse menos da perspectiva de observador e mais como alguém com várias semelhanças com o objeto da narrativa. Praticamente comecei tudo de novo. Quando meu colega mais velho me informou que meu casamento seria beneficiado caso eu me dispusesse a abrir mão da ajuda de Alice, respondi que o raciocínio tinha muito sentido, mas que já era tarde demais para aceitar o conselho. Disse-lhe: "Se tivesse alguma chance de sobreviver sem os comentários de Alice, eu tentaria".

Se eu tivesse me casado com uma bióloga ou uma analista financeira, tudo bem. Mas Alice tinha um talento singular para ler rascunhos e fazer críticas construtivas; com freqüência ela fazia isso para amigos, incluindo um que havia escrito um romance de seiscentas páginas. (Ela sugeriu alguns cortes.) Tinha um olhar aguçado e, à semelhança de Mary Francis, era mais erudita que o marido. Havia estudado um ano no programa de pós-graduação em inglês de Yale. Tinha copidescado livros na Random House. Fora professora universitária de inglês e redação durante anos. Desenvolvera o conteúdo de uma série educativa de televisão sobre o processo de criação da escrita. Quando percebeu que tinha coisas a dizer, tornou-se ela mesma uma escritora, quase sempre escrevendo sobre a dificuldade de lidar com uma doença grave. Não é raro eu ser abordado por pessoas que dizem ter ficado profundamente emocionadas com "Of Dragons and Garden Peas" (Sobre dragões e ervilhas), artigo de Alice publicado em 1981 no *New England Journal of Medicine* e usado até hoje em alguns cursos de medicina; ou com um texto que ela escreveu em 2001 para a *New Yorker*, sobre as decisões que tivera de tomar dez anos antes, quando um conjunto de sintomas parecia indicar a reincidência do câncer que ela sofrera em 1976; ou com *Dear Bruno* (Querido Bruno), livro inspirado numa carta que ela escrevera para o filho de Victor e Annie Navasky, então com doze anos, depois da descoberta de que ele tinha um tumor maligno no tórax. Acho que é possível dizer que ela era do ramo da língua inglesa, enquanto eu fazia biscates – ela era uma poderosa advogada corporativa, e eu era seu caso *pro bono*. Uma ajuda difícil de recusar.

Ela realmente explicava palavras como "heurística" para mim. Mas, em geral, minhas perguntas costumavam ser sobre o significado de algum filme estrangeiro que tínhamos visto. "Não entendi", eu dizia. "É um filme sobre natação?"

"Não é um filme sobre natação."

"Bom, eles ficavam o tempo todo dentro d´água."

Mais ou menos na época em que Alice e eu nos conhecemos, a cobertura da imprensa sobre o racismo americano deixava de ser um assunto local; universidades da região Norte começavam a estudar o que fazer para educar os estudantes de minorias que, de acordo com os padrões tradicionais, não estavam qualificados para admissão. Alice entrou para um desses programas em Hofstra, e em 1967 transferiu-se para o City College para dar aulas em um programa chamado SEEK (Search for Education, Elevation and Knowledge).* Para integrar os alunos menos preparados, o programa incluía cursos de acompanhamento, monitorias, aconselhamento e bolsas. Mina Shaughnessy, amiga de Alice desde Hofstra, foi com ela para o City College. Ao longo dos doze anos seguintes, elas foram aliadas na difícil batalha para descobrir qual a função de um lugar como a City University de Nova York naquilo que costumava ser chamado de recuperação paralela.

Desde o início, alguns professores mais experientes resmungaram contra a queda nos padrões. À medida que o número de cargos acadêmicos diminuía, alguns integrantes

---

* Busca por Educação, Ascensão e Conhecimento. (N. do T.)

mais jovens do corpo docente – gente que contava passar a vida em campus cobertos de hera, fazendo ponderações elegantes sobre "A terra desolada"* para alunos aplicados – ficaram desiludidos e até irritados ao se ver em universidades cinzentas e urbanas, corrigindo o que parecia um sem fim de erros de sintaxe e gramática. A reação de Alice e Mina, que estavam ali porque queriam, era completamente diferente. Mina, na época a estrela de uma área de onde não se esperava que surgissem estrelas, resumiu esse espírito no título de um discurso que arrebatou a platéia do encontro anual da Associação da Língua Moderna, em 1975: "Um mergulho de cabeça". Em vez de entrar em desespero com a quantidade de erros cometidos pelos alunos, Mina havia analisado quatro mil redações e encontrado padrões de erros que poderiam ser revertidos. Num tom de confiança, otimismo e compromisso absolutos, ela explicou tudo isso num livro chamado *Errors and Expectations* (Erros e expectativas). Mais tarde, quando Alice estava produzindo programas para a TV educativa, Mina de vez em quando aceitava trabalhos estranhos como professora – ficou um tempo

---

* Poema de T. S. Eliot. (N. do E.)

na Phoenix House, um centro de tratamento para viciados em drogas, e depois passou um semestre em Sing Sing. Ela sempre partiu do pressuposto que era possível ensinar para qualquer pessoa com vontade de aprender, não importa quais fossem suas origens.

Mina era quatorze anos mais velha que Alice – era meio conselheira, meio irmã mais velha. Não tinha filhos, e tornou-se uma espécie de fada madrinha para nossas meninas; uma vez ela convenceu Abigail de que estava lhe dando um colar que recebera, no metrô, de uma princesa que estava mudando de profissão – estava deixando o ramo das princesas – e que por isso não precisava mais do colar. Mina era lindíssima – freqüentemente comparada à atriz Maggie Smith – e vestia-se muito bem. Se em algum momento Alice tivesse corrido o risco de acreditar que o trabalho com causas nobres exigia vestir-se em farrapos, o exemplo de Mina teria bastado para convencê-la do contrário. O crítico e acadêmico Irving Howe, um dos maiores fãs de Mina na CUNY, costumava contar uma história, reproduzida por Jane Maher na biografia que escreveu sobre Mina: quando ele a conheceu, num encontro no centro de pós-graduação, ela tinha acabado de dar uma aula. Howe fez um comentário sobre a roupa de Mina e perguntou se seus alunos, cuja renda era tão baixa quanto os conhecimentos que tinham sobre terminações verbais, não ficavam ofendidos com as roupas que ela usava. "Mas Irving", respondeu ela, "meus alunos sabem que me arrumo para eles."

Tudo indica que ela também se arrumara para médicos, enfermeiras e técnicos de enfermagem. Aos trinta e oito anos, ela fora operada de um câncer de ovário – mesma idade que Alice tinha quando foi operada do câncer de pulmão. Acho que foi com Mina que Alice aprendeu a importância de caprichar no visual nos dias de tratamento, para levantar o moral. Creio, também, que Alice reagiu ao tratamento de câncer da mesma forma que ela e Mina haviam reagido aos problemas dos alunos, a princípio aparentemente insuperáveis. Uma vez, durante um discurso, Alice disse que o pior efeito do câncer é tirar a identidade do paciente. A identidade dela incluía participação, otimismo e entusiasmo. Quando descrevia alguém, uma das palavras mais negativas que podia usar era "apatia". Não me lembro de uma vez sequer em que Alice tenha ficado sentada enquanto o grupo à sua volta conversava; ela sempre participava. Depois da cirurgia e da radioterapia no New York Hospital, ela foi desaconselhada a pesquisar outros tratamentos existentes no Memorial Sloan-Kettering; naquele tempo, médicos de outras áreas achavam que o Memorial submetia os pacientes a técnicas debilitantes, mais importantes para a pesquisa de longo prazo que para o bem-estar do paciente. Mas Alice tinha o hábito de enfrentar problemas procurando as pessoas que mais entendiam do assunto. Anos mais tarde, olhando em retrospecto, ela não acreditava que o tratamento adicional que fizera no Memorial tivesse feito muita diferença em seu estado, mas ela gostava de lá. Dentre outras coisas, sentia-se bem num lugar onde os médicos já tinham visto algumas pessoas saírem curadas. Gostava de contar a história de seu encontro com um adolescente, no elevador, em seu primeiro dia de tratamento no Memorial. O menino estava careca, provavelmente por causa da quimioterapia. "Você é enfermeira ou paciente?", ele perguntou a Alice.

"Paciente", disse Alice.

"O seu é de que tipo?"

"Pulmão", disse Alice.

"Aqui eles tratam isso como se fosse resfriado", disse o menino.

A reação de Alice ao câncer era um lembrete de que um intelectual não é apenas alguém que consegue traduzir "heurística", que aproveita o verão para ler romances do século XIX ou uma pilha de biografias de físicos. É alguém cujo instinto é analisar e tentar encontrar sentido em tudo o que acontece. "Of dragons and garden peas" não era um relato sobre os médicos que Alice conhecera, ou sobre os tratamentos que fizera. Era um ensaio sobre como o câncer "representa o paradoxo existencial de todos nós: temos a sensação de ser imortais, mas sabemos que vamos morrer". Ela observava os talismãs que pessoas com doenças graves usam para se distanciar da morte – a magia dos médicos, o poder da vontade de viver, o apego aos detalhes da vida cotidiana (como cultivar ervilhas em Nova Scotia, onde passamos aquele verão). Alice concluiu que todos os talismãs tinham limites, e mencionou uma amiga que "tinha mais vontade de viver do que todas as pessoas que conheci. O talismã da vontade não funcionou para ela". Era uma referência a Mina, cujo câncer voltou e espalhou-se mais ou menos na época em que Alice finalmente conseguiu voltar a cuidar de suas ervilhas. Mina morreu um ano e meio – e oito cirurgias – mais tarde.

V

Expostas de forma simples, da única maneira que Alice permite explicá-las, as disposições do Imposto de Alice exigem o seguinte: a partir de um determinado nível de renda, o governo simplesmente ficaria com tudo. Quando Alice fala em confisco, ela realmente quer dizer confisco.

Too Soon to Tell

ELA NÃO SE ILUDIA SOBRE a possibilidade do Imposto de Alice ser aprovado, mas achava que realmente seria uma boa idéia. Para ela, num país onde milhões de crianças não tinham uma alimentação correta e nem acesso à saúde, era preciso haver um limite para o que as pessoas poderiam possuir – um limite generoso, pode ser, mas ainda assim um limite. Ela acreditava no princípio da suficiência. Parece que o Imposto de Alice virava tema de conversa sempre que estávamos com gente cuja renda provavelmente se encaixaria nas disposições dessa lei. Isso não me surpreendia. Alice tinha o que certa vez descrevi como "uma atração instintiva por assuntos delicados". Usei essa descrição no contexto de um jantar no qual estivemos com um homem conhecido pelos amigos que o levaram como um "barão do açúcar". Por alguma razão, no final da refeição a relação entre açúcar e dentes cariados havia surgido na conversa três vezes. De vez em quando, eu lhe dizia: se tivéssemos tido a infelicidade de viver num ambiente que exigisse meus esforços para subir na empresa, e um comportamento diplomático e solidário de Alice como a perfeita esposa corporativa, eu jamais teria ido além de uma medíocre gerência.

Certa vez, fiz um discurso durante o jantar, promovido anualmente pela Associação de Ex-Alunos Yale Westchester, para levantar fundos para as bolsas de estudo oferecidas aos estudantes de Westchester. O outro orador era George Pataki, governador de Nova York. Ele fora criado em circunstâncias modestas em Peekskill, na ponta noroeste do condado. Pataki não era conhecido por sua eloqüência, mas fez um discurso elegante e comovente. Falou sobre o momento em que seu irmão mais velho foi aceito em Yale, e sobre como seu pai, um funcionário dos correios, saiu do trabalho e dirigiu até New Haven para saber do diretor como o filho de um funcionário dos correios poderia freqüentar Yale sem uma bolsa de estudos. (O diretor passou a mão no telefone e ligou para alguém da Associação de Ex-Alunos Yale Westchester.) Quando o governador voltou para se sentar na nossa mesa, Alice lhe disse: "Foi um dos melhores discursos que já ouvi. Por que você tinha de ser republicano?".

Ela era direta. Não gostava de certas coisas, e não tinha vergonha disso. Ela não gostava de clubes, ou de qualquer instituição que excluísse as pessoas. Não conseguia entender por que alguém aceitaria um convite para virar sócio de um clube, e o fato de haver gente em Nova York que fazia qualquer coisa para entrar em clubes deixava-a decepcionada. Apesar de acreditar que os defuntos conseguem ouvir o que os filhos falam sobre eles durante o velório, ela encarava a religião com um misto de hostilidade e desinteresse. Não gostava de jogos – jogos de atletismo, jogos de tabuleiro, qualquer tipo de jogo. Na primavera de 2001, ela fez uma angioplastia – a montanha de radiação que ela recebera vinte e cinco anos antes acabara afetando suas artérias e seu coração. Depois da operação, o cirurgião me perguntou se ela era do tipo que dava valor a uma partida de tênis. Quando contei essa história para Sarah – e isso foi antes de me dar conta de que essa pergunta estava entre as coisas que o médico disse que começavam a me assustar – ela falou: "Acho que dá para dizer tranqüilamente que ela nunca jogou um jogo na vida".

Era quase verdade. Um amigo de quem Alice gostava sempre pedia que seus convidados se dividissem em times para jogar mímica e, mesmo que resmungasse um pouquinho, ela nunca se recusava a participar. Todas as regras de Alice estavam sujeitas a exceções, que em geral dependiam do quanto ela gostava da pessoa em questão. Por exemplo: mesmo diante de sua antipatia por clubes, ela sempre falou bem (às vezes até com um pouco de inveja) do Tiro e Segno, clube ítalo-americano que ficava na MacDougal Street; às vezes almoçávamos lá com Wally Popolizio, um dos preferidos de Alice, advogado que acabou se tornando um tio postiço para nós na época em que procurávamos por uma casa no Greenwich Village, no final dos anos 60. Para ela, minha participação numa sociedade secreta de Yale era uma bobagem – ela esperava que eu recusasse o convite, ou que pelo menos fizesse piada da situação. Mas toda vez que o assunto surgia eu tinha a sensação de que ela se esforçava para mostrar apenas sarcasmo, e não desprezo total. Uma afilhada minha se casou com um rapaz de uma família ligada à indústria tabagista, e Alice – cuja franqueza sobre esse tema era capaz de transformar um coquetel num bate-boca – jamais tocava no assunto quando eles estavam por perto. Como eu considerava minha afilhada parte da família, percebi que eles tinham recebido uma espécie de perdão familiar.

Quando o assunto era cigarro, os perdões não eram distribuídos facilmente. Alice detestava cigarros. Ela se irritava menos com os fabricantes de cigarro do que com os responsáveis pelas propagandas que transmitiam aos jovens – principalmente às meninas – a idéia de que fumar era uma forma moderninha de desafiar os caretas e puxa-sacos conhecidos como patrulha do fumo. Ela estava sempre pronta a citar três dados impressionantes: o câncer de pulmão mata mais mulheres que os cânceres de seio e ovário somados; quase noventa por cento dos casos de câncer de pulmão são causados pelo cigarro, e portanto podem ser evitados; e o número de jovens mulheres fumantes aumenta a cada ano. Considerando esses fatos, Alice achava que qualquer pessoa capaz de vender o cigarro como algo sedutor estava praticamente cometendo um crime.

Em 1999, um artigo na seção de Estilo do *Times* retratou uma "sala de estar do cigarro" em Manhattan como sendo uma espécie de santuário agradável, sofisticado e até perfumado. Lá, protegidos do autoritarismo da família, os fumantes podiam tomar um drink em paz e fazer festas particulares – incluindo, de acordo com a declaração de uma garçonete, um recente chá de bebê onde todos os convidados fumavam. Alice ficou furiosa. Escreveu um texto para *The Nation*: "Talvez porque minha mãe ... tenha sido a pessoa menos moderninha que conheci, a idéia de que alguém pode considerar uma fumante moderna sempre me intrigou. Quando começou a fumar, na adolescência, ela deve ter achado que ficava mais atraente. Mas, quando eu a conheci, seu vício em cigarros era patético, e ela estava sempre desesperada para parar". No artigo, Alice falava sobre sua admiração por Julia Roberts, que trabalhava como voluntária na Hole in the Wall Gang Camp, uma colônia de férias em Connecticut para crianças com câncer e outras doenças graves – Alice fazia parte do conselho, e também éramos monitores voluntários. Mas ela se perguntava "quantas jovens não teriam começado a fumar por conta do ar sedutor que Julia Roberts imprimiu ao hábito em *O casamento do meu melhor amigo*".

Alice nunca fumou, mas sua mãe era uma chaminé e seu pai costumava fumar charutos. Ela dizia não saber se a nuvem de fumaça que pairou sobre sua infância tinha alguma relação com seu câncer de pulmão, mas tinha certeza de que seus pais super-protetores não a teriam criado numa casa esfumaçada caso soubessem do perigo que a situação representava. No final dos anos 80, ela depôs sobre o assunto quando a prefeitura realizou audiências sobre o projeto de proibir o cigarro em restaurantes – a proibição foi aprovada e acabou sendo ampliada para bares. Àquela altura, ela havia se juntado a um bando de guerreiros anti-tabagismo liderados pelo falecido William Cahan, um renomado cirurgião torácico do Memorial Sloan-Kettering. Uma vez que tinha acesso às chapas de pulmões destruídos pelo cigarro, ele representava um perigo ainda maior do que Alice em coquetéis sociais. O depoimento de Alice foi publicado na seção de editoriais do *Times*, sob o título EM FAVOR DA PROIBIÇÃO DO CIGARRO EM NOVA YORK, e lá ela dizia: "peço que a prefeitura proíba o cigarro em locais públicos porque quero fazer pelas minhas filhas o que meus pais teriam feito por mim, caso soubessem de tudo o que sabemos hoje". Na verdade, ela não deixou essa decisão apenas nas mãos da administração municipal. Quando Alice foi operada, as meninas tinham apenas quatro e sete anos. Mas, quando já estavam crescidas o suficiente para entender, ela se sentou com as duas e disse que, por causa de sua doença, era preciso considerar a possibilidade de haver uma predisposição genética para o câncer de pulmão na família. Alice disse que todas as outras coisas que faziam parte da vida na adolescência eram passíveis de debate, mas fumar cigarros estava fora de cogitação. Foi seu momento mais mandão, e as duas meninas obedeceram.

VI

A Lei de Fluxo de Caixa Compensatório de Alice estabelece que qualquer quantia que não for gasta com luxos pelos quais você não pode pagar equivale a um lucro inesperado.

Words, No Music

É CERTO QUE ELA COSTUMAVA incentivar as tramóias da família para gastar dinheiro, mas não se interessava pelo luxo. Não queria jóias caras. Jamais usava perfumes, caros ou não. Não conseguia pensar em nada mais idiota do que gastar um monte de dinheiro num carro ou barco vistoso. Apesar de dizer que poderia ser divertido ir para um spa elegante, e que não via nenhum problema em cirurgia plástica estética, ela nunca fez nenhuma das duas coisas. Quando finalmente decidiu comprar um casaco de pele – insistia em comprar esta e outras roupas finas com o próprio dinheiro –, ela disse que era só porque fazia muito frio no inverno de Nova York. Mas eu e as meninas provocamos, sugerindo outras maneiras de se aquecer. Ela gostava de viajar, e adorava roupas bonitas. Gostava de viver em bairros agradáveis. Para descrever a situação oposta, dizia: "Viver como um estudante de pós-graduação".

Antes do nosso casamento, ela aceitou a idéia de que teria de se virar mais ou menos no estilo de um estudante de pós-graduação. Num artigo sobre seus pais, ela escreveu: "Sempre achei que escritores fossem pobres, e na época isso não me incomodava". Graças ao que descreveu no artigo como "um desapego completo por posses materiais e uma devoção às roupas que ele comprara durante o primeiro ano de faculdade", ela ficou surpresa que o marido tivesse sido capaz de juntar dinheiro suficiente para dar entrada numa casa no Greenwich Village. Na cabeça de Alice, pelo menos, aquilo era a entrada para uma casa. Para mim, era só dinheiro acumulado. No final dos anos 60, quase todo mundo em Manhattan morava em apartamentos alugados. Condomínios fechados eram para um grupo restrito de pessoas ricas do Upper East Side. O sonho imobiliário de pessoas com uma vida mais ou menos parecida com a nossa era um apartamento alugado e espaçoso. Mas eu não queria sair do Village, onde não havia muitos apartamentos espaçosos, e Alice tinha muita vontade de comprar uma casa – não necessariamente uma casa com uma piscina ornamentada ou uma pista de boliche no porão, mas uma casa.

Quando finalmente compramos a casa, não pegamos as chaves imediatamente. Tivemos de lidar com dois inquilinos, e isso levou meses. Por um tempo, era como se tivéssemos sem-teto ocupando nossa casa. (Quando levei Wally Popolizio até a porta depois que ele conseguiu nos livrar dos sem-teto, ele me disse: "Bud, fique à vontade para dormir com Alice sem pedir minha permissão. Mas, em qualquer outra situação, ligue para mim".) Fomos obrigados a fazer aquele tipo de reforma que o pessoal de Nova York costuma chamar de "pesadelo". Durante a reforma, escrevi sem parar para conseguir pagar a conta do pedreiro – sobre a máquina de escrever, eu tinha uma citação que atribuí a Voltaire: "Palavras são Dinheiro" –, e Alice fez o que chamamos de gerência de projeto. Certa vez, depois de uma discussão particularmente desagradável com o pedreiro, ela se sentou sozinha na janela do que viria a ser a sala de estar e, numa tentativa de se acalmar, olhou para o jardim que havia nos encantado desde o primeiro dia. Frank, o carpinteiro tranqüilo que estava do outro lado da sala trabalhando no corrimão da escada, foi até ela e disse: "Sabe, vai chegar a hora em que todos nós vamos embora, e essa casa vai ser da senhora". Ele voltou para o corrimão da escada. Alice sempre lembrava do que Frank dissera. Na verdade, dizia ela, era tudo muito simples: a casa seria nossa. Mesmo que nossa filha mais velha já tivesse sido arrastada por um monte de apartamentos alugados, as meninas iriam crescer aqui. Tudo valeria a pena.

Tenho a impressão de que, num casal, a pessoa que assina o cheque para pagar a prestação da casa provavelmente vai ser mais cuidadosa na hora de gastar dinheiro do que a pessoa que não assina o cheque – mais uma vez, essa impressão não é fundamentada em nenhum estudo sistemático. De acordo com minha tese não-comprovada, essa é uma experiência de caráter didático: gastar esse tanto de dinheiro todo mês e saber que, faça chuva ou faça sol, a mesma quantidade terá de ser produzida no mês seguinte, e no seguinte – não importa de onde venha o dinheiro. Quem assinava os cheques para pagar as prestações da casa era eu. Mas havia vários outros fatores, alguns sem nenhuma conexão direta com despesas supérfluas ou finanças, que justificavam as diferenças entre o que Alice e eu pensávamos sobre dinheiro. Eu cresci em Kansas City, filho de um quitandeiro pão-duro e tão avesso a dívidas que, até onde sei, só construiu a casa onde minha irmã e eu fomos criados quando pôde pagar à vista, em dinheiro vivo. Ele ficaria escandalizado diante da idéia de alguém morar numa casa imensa mesmo sem ter dinheiro para uma faxineira, ainda por cima tendo de alugar a casa durante o verão para conseguir pagar os impostos. No artigo sobre seus pais, Alice dizia que minha preocupação com dinheiro (ela teve a delicadeza de não se referir à minha preocupação como uma coisa pequeno-burguesa) dava a ela uma sensação de segurança – segurança de que não havia perigo de perder a casa mais uma vez, ou de ter de alugá-la para desconhecidos. Mas, ainda assim, ela não via sentido em viver como um estudante de pós-gradução quando isso não era necessário.

As pesquisas vivem dizendo que a maioria das discussões entre casais acontece por causa de dinheiro, mas é claro que muitas discussões sobre dinheiro na verdade são sobre outras coisas. Quando fomos a Tóquio, Alice e eu tivemos uma discussão que parecia ser sobre quanto deveríamos gastar com a diária do hotel. Eu estava fazendo uma turnê de palestras no Japão pela U.S. Information Agency, e recebia uma diária — nada que revoltasse os contribuintes. Naquela época, o Japão estava tão caro para quem tinha dólares que um dos resultados da viagem foi uma coluna que escrevi sobre o principal tema de debate entre os americanos de Tóquio: o preço do melão. Como os primeiros dias seriam em Tóquio, eu havia me informado com o pessoal da USIA sobre o hotel recomendado por eles, e parecia bom. Quando chegamos, depois de um vôo cansativo, descobrimos que o quarto era franciscano. Bom, na verdade, era franciscano e pequeno. Bem pequeno. Comecei a tirar as roupas da mala. Foi um equívoco. Senti um calafrio no ar. O clima continuou assim até o café-da-manhã do dia seguinte. Finalmente, Alice disse algo mais ou menos assim: "Você pretende passar os próximos quatro dias naquele quarto? Para você, tudo bem?". Ela achou que minha disposição em permanecer naquele quarto sem fazer nenhum comentário era uma reprimenda ao jeito dela. Era como se eu estivesse dizendo que ela era uma nova-iorquina mimada e mal acostumada – mais ou menos o que a aparência dela dava a entender. Até onde me lembro, tive o bom senso de não dizer que é meio difícil criticar alguém sem abrir a boca. Ao contrário: lembrei que eu era um sujeito tosco, insensível, que não prestava atenção no que estava ao seu redor; em outras palavras, confessei um crime menos grave. E depois nos mudamos para um hotel melhor.

Uma vez discutimos sobre quanto deveríamos pagar para trocar o piso do nosso quarto e do meu escritório, que ficava na sala ao lado. Lembro-me do pedreiro, que se chamava

Herbie ou coisa parecida. Ele era um homem grosseirão mas alegre, e achei interessante seu método de cobrança: ele dava uma olhada no local e já dava para o cliente o preço exato do serviço, e não uma estimativa. Quando estava terminando o trabalho lá em casa, Herbie disse que o serviço tinha sido mais difícil do que imaginava e, por isso, deveríamos pagar mais que o combinado. Eu achava que não. Alice achava que sim. Eu disse para Alice que o trabalho de Herbie era avaliar o custo que o trabalho teria para ele, e depois cobrar do cliente um preço baixo o suficiente para garantir o serviço, mas alto o suficiente para lhe trazer algum lucro. Se de vez em quando ele errava o cálculo – e eu nem estava considerando se este erro de cálculo era verdadeiro ou não – ele supostamente compensaria acertando das outras vezes. Caso ele tivesse descoberto que trocar nosso piso demoraria menos tempo que o imaginado, será que teria sugerido que pagássemos menos que o combinado? Alice partia do pressuposto que Herbie estava dizendo a verdade, e para ela a questão era que ele tinha perdido mais tempo fazendo o serviço do que o estimado – por isso, caso não pagássemos a mais, estaríamos sendo injustos e nos aproveitando dele. O que ele faria se a situação fosse diferente não tinha nada a ver com a nossa postura. Eu disse que o mundo não era assim. Mas o mundo dela era. Não me lembro quanto pagamos a Herbie no final das contas. Agora, quando tento reconstituir a história, fico achando que, se a situação tivesse sido mediada por estudiosos do Talmude, eles teriam dito que Alice estava com a razão.

Na discussão sobre o pagamento de Herbie, ela não recorreu a seu argumento final em situações como aquela: "A vida dele não é fácil". Se eu dizia que a conta de um pequeno conserto estava evidentemente inflacionada, por exemplo, ou comentava que nunca mais entraria na loja de um proprietário que havia de alguma forma infringido uma cláusula do Código de Conduta do Comerciante, a lei silenciosa mas incontestável de meu pai, ela dizia: "A vida dele não é fácil". Às vezes, acrescentava: "E nós temos tanta sorte". Não acredito que os talmudistas usariam esse argumento para solucionar disputas. ("Um fazendeiro procurou o rabino Eliezer para reclamar do mercador que havia lhe vendido duas vacas leiteiras que, conforme descobriu, não davam leite. Depois de ouvir o fazendeiro, o rabino Eliezer referiu-se ao mercador e disse: 'a vida dele não é fácil'.") Por outro lado, Alice tinha uma dose de razão: tínhamos muita sorte.

VII

A essa altura, a política de minha mulher em relação a freqüentar as peças de teatro da escola (e essa política se estende a concursos, shows de calouros, teatro de revista, recitais e festas de primavera) já é bem conhecida: ela acha que se seu filho participa do teatrinho da escola e você não assiste a todas as apresentações, incluindo a matinê especial de quinta-feira para a quarta série, o Estado vem e leva seu filho embora.

SHOUTS & MURMURS, THE NEW YORKER

A DESCRIÇÃO DAS IDÉIAS DE ALICE sobre apresentações de teatro da escola chegava bem perto da verdade literal. Mais: no final desse artigo, confessei que eu apoiava essa política, com base no fato de que as peças da escola foram inventadas, em parte, para dar aos pais uma oportunidade fácil de demonstrar quais são suas prioridades. Não havia dúvida alguma sobre a prioridade de Alice. Quando as meninas ainda eram pequenas, ela detestava ficar longe; quando elas tinham cerca de dez e treze anos, fizemos uma viagem de duas semanas para a Ásia, e na volta Alice decidiu que uma semana era seu limite. Alice tendia ao rigor absoluto quando o assunto era o direito constitucional dos filhos de sentar para jantar com os pais todas as noites. Na hora de decidir quais teorias sobre criação eram altamente benéficas e quais podiam arruinar o futuro dos filhos – tema polêmico entre pais que conhecíamos –, nós dois concordávamos com um princípio simples: ou seus filhos são o centro da sua vida ou não são, e o resto é acessório.

Houve um período em que Abigail morava em São Francisco e Sarah em Los Angeles, depois de terminarem a faculdade. Quando falávamos sobre isso com nossos amigos, Alice dizia que, se as coisas continuassem assim, teríamos de passar a viver alguns meses por ano na Califórnia. Eu dizia: "Se quisermos estar perto das duas, podemos encontrar um lugarzinho gostoso no meio do caminho – Bakersfield ou Fresno, talvez." Alice me fuzilava com um olhar que me fazia lembrar do bordão de um programa de rádio que eu ouvia quando era garoto: "Qual é a graça, Zé?". Mas, àquela altura, sua vontade de estar perto não estava mais tão ligada à necessidade de influenciar a formação do caráter das filhas. No artigo da *New Yorker* sobre o susto com a recidiva de 1990, num período em que Sarah estava no segundo ano de Yale e Abigail participava do Teach for America[*] em Los Angeles, Alice escreveu:

> Nos dias depois daquela ressonância dos ossos, eu estava completamente desesperançada... Até conseguia

---

[*] Programa para universitários formandos e recém-formados, que trabalham como professores em escolas fundamentais de bairros carentes dos Estados Unidos. (N. do T.)

imaginar conversas animadoras com minhas filhas, sobre como não haveria problema caso eu morresse naquele momento. Quando elas estavam com quatro e sete anos, isso não teria sido verdade, e eu havia imaginado o pai das duas, um homem adorável mas às vezes meio avoado, comprando os tênis errados e esquecendo-se das consultas com o dentista depois que eu partisse. Agora eu já estava certa de ter dito a elas tudo o que eu achava importante; elas tinham entendido tudo e descoberto muita coisa sozinhas, e estavam no limite da perfeição. Mas aí me lembrei de que as duas ainda estavam solteiras, e que seria horrível perder os casamentos e os netos. Fiquei pensando em qual das minhas amigas seria escalada para ajudá-las a escolher o vestido de noiva. Depois eu chorei e decidi que queria ficar mais um tempo por aqui.

Quando finalmente me permiti parar para pensar no que teria acontecido se Alice não tivesse sobrevivido em 1976, me dei conta de que meus problemas teriam sido muito mais sérios do que os tênis e as consultas com o dentista. O maior problema era que eu não conseguia me imaginar confiando em mais ninguém para participar da criação das nossas filhas. Eu não apenas achava que elas deveriam saber todas as coisas importantes que Alice sabia; suponho que eu também achava que ela era a única pessoa que sabia. Quando me perguntam o que levou nossas filhas a escolher o que fazem – Abigail é uma advogada especializada em crianças, e Sarah é assistente social – eu obviamente nego ter tido qualquer influência. "Posso garantir que tentei transmitir a elas valores como egoísmo e ganância", digo. "Quando Abigail descia para tomar café-da-manhã na época do colegial, eu sempre informava a ela a temperatura do dia e o salário de um advogado iniciante no Cravath, Swaine & Moore." Mas Alice estava lá para servir de modelo. Como ela sobreviveu, as duas tiveram contato diário com alguém que conseguia "navegar as águas traiçoeiras entre uma vida digna de orgulho e os deleites de tudo o que nos dá prazer", de acordo com o texto escrito por um amigo depois que Alice morreu. Não é difícil entender, ou encontrar alguém que entenda, de tênis e consultas de dentista. Mas bons exemplos são difíceis de encontrar.

Isso não significa que Alice e as meninas vivessem o tempo todo em sintonia. No enterro de Alice, ao descrever a relação particularmente complicada que tinha com a mãe, Sarah afirmou que o cerne do problema era o fato de as duas "precisarem desesperadamente do amor, do reconhecimento e da admiração uma da outra". Trocando em miúdos: não era difícil uma magoar a outra, mesmo com comentários indiferentes. No discurso, Sarah disse que algumas vezes Alice havia comentado que as conversas entre as duas faziam-na sentir-se "uma panaca diante da menina mais admirada da escola". Outras vezes, Sarah tinha a sensação de que Alice esperava que ela e Abigail vivessem vidas perfeitas. Em uma das cartas que escreveu para as meninas, Alice falou sobre isso. Segundo ela, talvez devido ao lema excessivamente brincalhão da família – "Corra atrás do prejuízo", também conhecido como "Pare de resmungar" –, não tínhamos deixado claro que sabíamos como é difícil atravessar as imperfeições que existem na vida de qualquer um. Alice escreveu: "Quando vocês ficarem mais velhas, vão perceber que não amamos vocês porque são perfeitas, e sim porque são dignas, carinhosas e honestas, e porque sempre saberão enfrentar os percalços da vida com bravura".

Quando o assunto era o que ela chamava de "coisas importantes", Alice dizia que os pais tinham uma tremenda influência sobre os filhos. A rigor, ela estava falando de valores. Em uma carta para as meninas, ela incluiu os seguintes itens entre as mensagens que estávamos tentando lhes transmitir: "preocupar-se em ser gentil e generoso com os outros, ser franco consigo mesmo e com os outros, trabalhar naquilo que gosta e não supervalorizar o sucesso financeiro". Nunca falamos sobre isso de forma explícita, mas acho que ela acreditava no poder transformador do amor puro, indissolúvel. Uma vez, durante o jantar de gala para o programa Hole in the Wall Gang Camp, alguns monitores voluntários escreveram pequenas histórias sobre experiências no acampamento. Alice escreveu sobre uma das crianças, uma garotinha radiante que ela chamou de L. Na colônia de férias, Alice tinha uma tendência a aproximar-se das crianças que mais precisavam de ajuda, e L. era uma delas. "No último verão, me aproximei mais de L., uma menina encantadora, com uma deficiência grave", escreveu. "Ela tinha duas doenças genéticas: uma que a impedia de crescer, outra que a impedia de digerir qualquer alimento. Precisava ser alimentada através de um tubo durante a noite, e tinha tanta dificuldade para andar que eu a levava para cima e para baixo num carrinho de golfe. Nós duas nos divertíamos no carrinho. Um dia estávamos brincando de corre cotia, e ela me pediu que segurasse sua correspondência enquanto corria ao redor da roda. Ela demorou um pouco para fazer o percurso, e tive tempo de ver que havia um bilhete de sua mãe em cima da pilha de cartas. Então fiz uma coisa horrível, que agora tenho vergonha de revelar. Decidi ler o bilhete. Queria muito saber o que os pais daquela criança tinham feito para que ela fosse tão espetacular, para que fosse o ser humano mais otimista, mais entusiasmado, mais cheio de esperança que conheci na vida. Dei uma olhada rápida no bilhete e vi a seguinte frase: 'L., se Deus tivesse permitido que escolhêssemos uma criança entre todas as que existem no mundo, teríamos escolhido você'. Antes que L. voltasse para seu lugar na roda, mostrei o bilhete para Bud, que estava sentado ao meu lado. 'Leia isso, rápido', sussurrei. 'É o segredo da vida.'"

VIII

No verão seguinte à cirurgia dela, eu estava terminando o segundo do que viria a ser uma série de três livros sobre comida. As mudanças que fiz nas versões finais do livro estavam repletas de referências adicionais a Alice. Acabei decidindo chamar o livro de Alice, Let´s Eat. Colocar Alice do início ao fim, em seu tradicional papel de George Burns, foi uma maneira de afirmar – principalmente para mim mesmo – que não iríamos aceitar o diagnóstico que teria feito dela um personagem trágico.

FAMILY MAN

Eu me lembrava apenas de fragmentos do que o cirurgião disse logo após a operação de Alice, em junho de 1976. Ele disse que o tumor era maligno, mas que havia sido retirado junto com um dos lóbos pulmonares. Não me lembro se ele falou sobre algum nódulo linfático; de qualquer maneira, acho que não teria entendido o significado disso. Depois que ele resumiu em algumas frases a cirurgia de Alice, perguntei qual era o prognóstico. Ele disse alguma coisa sobre "dez por cento de chance". Não entendi direito. Achei que tivesse pulado uma parte. "Uma chance de dez por cento de quê?", perguntei. E ele disse: "Uma chance de dez por centro de sobrevivência".

Durante alguns anos, as conversas com o cirurgião eram terreno minado caso eu quisesse manter a calma. Eu não conseguia falar sobre o assunto, e tentava não pensar naquilo. Mas acho que eu estava tentando evitar o susto que vinha com as conversas, e não o conteúdo: por alguma razão inexplicável, eu nunca realmente acreditei que Alice fosse morrer um ou dois anos após o diagnóstico, como acontece com a imensa maioria das pessoas na mesma situação. Acho que sucumbi ao talismã da vontade, apesar do alerta de Alice no artigo do *New England Journal of Medicine* de que todos os talismãs têm limites. Achei que seria capaz de protegê-la. Era como se eu acreditasse que ela fosse sobreviver simplesmente porque eu me recusava a aceitar a possibilidade da morte. Acho que Alice também não aceitava essa possibilidade. Depois, ela escreveu: "Entre meus amigos e parentes, tenho fama de ser uma otimista incorrigível, quase ridícula". Mas ela também escreveu: "Eu tinha medo de que todas as coisas corajosas que eu havia dito desabariam caso eu ficasse doente de novo". Alguns dias depois que ela ficou sabendo do prognóstico, entrei no quarto e a vi no telefone, tomando notas. Estava claro que a perspectiva da radioterapia significava que não iríamos para Nova Scotia, e ela tentava arrumar alguma atividade para as meninas fazerem durante o dia, enquanto estivéssemos no radiologista.

Algumas semanas após a operação de Alice, um vizinho me puxou de lado e, em tom empolado, disse: "O estilo de vida dela precisa mudar completamente".

"O estilo de vida dela é bom", eu disse. Contive-me para não acrescentar que seria bom algumas coisas no estilo de vida dele. Mas ele não teria escutado. Estava dando uma palestra sobre alimentação macrobiótica, ingestão de grandes quantidades de vitamina C ou algum outro método mágico de cura. Na verdade, essa gente queria dizer que éramos uns idiotas se achávamos que a medicina convencional (eles usavam a expressão com desprezo) iria curar Alice. Ela tinha mais paciência com essas pessoas do que eu. A certa altura da conversa, ela dizia que, para seu marido, medicina alternativa era tratar-se com um médico que não havia estudado em Johns Hopkins. Mas ela não discordava do que eles diziam. Anos depois, durante um congresso médico, Alice disse: "Muita gente telefonava recomendando sementes de damasco e coisas do gênero. Para nós, principalmente para meu marido, era um sinal de que achavam que eu ia morrer".

Alguns anos após o diagnóstico de Alice, percebi que não estava pensando naquilo o tempo todo. Com o tempo, estávamos de volta à vida normal. Participamos da primeira formatura da família, no jardim-de-infância. Alice estava mais envolvida com televisão educativa. Ela e uma amiga fundaram uma empresa, e acabaram produzindo uma série para crianças para o canal PBS, sobre diferentes aspectos das artes visuais e dramáticas. Cada programa girava em torno do trabalho de um artista – no programa sobre perspectiva, por exemplo, David Hockney aparecia pintando, e no programa sobre ritmo, Max Roach estudava viradas de bateria. Mais uma vez, eu tinha de viajar a cada três semanas para fazer uma série de reportagens para *The New Yorker*. E estava justamente andando num aeroporto, à espera do vôo de volta para Nova York depois de apurar uma dessas reportagens, quando a possibilidade de que as coisas pudessem ter terminado de forma diferente em 1976 apareceu na minha cabeça, do nada. Eu me imaginava tentando dizer às meninas que a mãe delas tinha morrido. Acho que cheguei a perder o equilíbrio. Sentei na primeira cadeira que apareceu. Não estava chorando. Estava num estado que meu pai teria descrito como "troncho". Algumas pessoas pararam para perguntar se eu estava me sentindo bem. Devo ter dito que sim. Depois de um tempo, as imagens sumiram da minha cabeça. Fui até o portão e peguei o vôo para Nova York. Alice estava lá. As meninas estavam lá. Estava tudo bem.

Na carta que enviou para Bruno Navasky em 1979 – o livro *Dear Bruno* foi publicado muito tempo depois, em 1995 –, ela dizia que às vezes ficava com raiva da injustiça de ter uma doença tão imprevisível, apesar de ser aquilo que classificava como uma pessoa relativamente legal, que sempre tentava se comportar. "Meu médico disse que ficar doente desse jeito – ter câncer de pulmão mesmo sendo jovem demais, e sem nunca ter fumado – é a mesma coisa que estar andando na rua e ser atingido na cabeça por um balde", escreveu ela. "A culpa não é sua, e não há nada que você possa fazer exceto tentar tirar o balde da cabeça e continuar andando." Bruno fez mais ou menos isso. *Dear Bruno* incluía a resposta dele à carta que Alice havia mandado dezesseis anos antes. Começava assim: "Obrigado pela carta. Eu deveria ter respondido antes, mas tenho andado muito ocupado. Depois que você me escreveu, fiz uma lista de tudo o que queria fazer quando saísse do hospital. E, quando me dei conta, já estava fazendo. Eu tinha que terminar a escola, e depois a faculdade. Morei no Japão durante alguns anos".

Alice adorou a carta de Bruno. Naturalmente, ela não avaliava a forma como alguém agüenta uma doença grave pelas mudanças que acontecem, mas pelas coisas que permanecem iguais, pelo controle que se mantém sobre a própria identidade. Aos poucos, fomos relaxando a tensão e começamos a pensar na doença de Alice como coisa do passado – pelo menos até o susto com a recidiva de 1990. É claro que nunca esquecemos dos dragões descritos por ela no artigo do *New England Journal of Medicine*. Na fila para fazer a contagem sangüínea no Memorial, ela escreveu que os sobreviventes de câncer às vezes se sentem como cavaleiros que exterminaram o dragão. Mas "todos nós sabemos que os dragões nunca estão realmente mortos, e podem se erguer a qualquer momento, prontos para uma nova luta". Ela achava que essa situação havia sido registrada com perfeição por Ed Koren, na ilustração de capa de *Dear Bruno*: um cavaleiro, com uma seringa nas mãos em vez de uma espada, aparece sobre o dragão que derrotou. Mas uma observação mais atenta revela que um dos olhos do dragão ainda está meio aberto.

O dragão de Alice surgiu de um lugar que não estávamos nem vigiando. Na primavera de 2001, dez meses depois do casamento de Sarah e mais ou menos um mês antes do casamento de Abigail em Nova York, um raio-X de rotina levou um médico a recomendar que Alice fizesse um angiograma. O exame deixou claro que ela teria de fazer uma angioplastia imediatamente – no mesmo dia. Alice sorriu enquanto era levada numa cadeira de rodas. Disse que eles iriam consertar seu coração. Eu nunca havia visto alguém animado diante da perspectiva de uma cirurgia cardíaca de emergência.

Na época, eu disse a alguns amigos que parte disso devia-se à visão singular que Alice tinha do mundo. A outra parte, acredito, devia-se a suposição de que estávamos diante de uma experiência parecida com a que tivéramos quatro anos antes, quando fiz uma angioplastia com o mesmo cirurgião. A recuperação me lembrou de um ditado típico do Meio-Oeste, um dos preferidos do meu pai – "eu não me divertia tanto desde que os porcos comeram minha irmãzinha". Mas, na verdade, o processo foi bem simples. Foi uma recuperação gradual, ainda que lenta, e um dia me dei conta de que estava bom novamente, feliz por ter feito a cirurgia.

Mas a operação de Alice demorou mais que o esperado. O cirurgião disse que a radiação havia danificado as artérias e o coração. Mais tarde, fiquei sabendo que um dos cirurgiões residentes estava tão preocupado que dormiu na cadeira ao lado da cama dela na primeira noite – agradecido, supus que essa atitude fosse equivalente à do guarda de trânsito que dera a ela uma advertência em vez de uma multa. Uma semana ou dez dias depois, ela voltou para casa, mas dias mais tarde teve de ser internada novamente. Àquela altura, faltava apenas uma semana para o casamento de Abigail. Uma manhã, ela disse que precisávamos conversar sobre isso. Disse que o casamento tinha de acontecer de qualquer jeito, e que ela não poderia interferir de forma alguma. Falou que o casamento deveria ser exatamente como planejado – a cerimônia no hall de mármore do prédio da Vara de Sucessões, a recepção no salão levemente ensolarado de Chinatown, como Abigail sempre sonhara, discursos, dança. "De qualquer jeito", ela disse.

"Não vamos falar sobre isso", eu disse. "O casamento vai acontecer e você vai entrar na igreja junto comigo e com Abigail."

"Você tem que prometer", ela disse.

Fiz que sim com a cabeça.

Ela saiu do hospital umas seis horas antes do casamento. Entrou na igreja conforme o planejado, e conseguiu ficar na recepção até tarde o suficiente para testemunhar uma apresentação de vinte minutos da *hora**, que deixou os garçons chineses paralisados de admiração. No dia seguinte, ela mandou um e-mail para o mesmo grupo de pessoas que recebia meus informes sobre seu estado. Grande parte do primeiro parágrafo estava em maiúsculas: ABIGAIL SE CASOU ONTEM E EU ESTAVA LÁ. ESTAVA LÁ A NOITE INTEIRA, CONSEGUI FAZER UM DISCURSO NA HORA DO BRINDE (FOI EMOCIONANTE), COMER BOLO DE CHOCOLATE E ASSISTIR A JERRY, TIO DE BUD QUE TEM 87 ANOS (E FEZ O CASAMENTO DE SARAH E ALEX EM JUNHO, EM MALIBU), DANÇAR ATÉ CAIR COM ALICE WATERS – ELA TROUXE ROSAS DE SEU JARDIM EM BERKELEY PARA MIM. No final do e-mail, ela dizia que estava bem, em casa, comendo comida caseira e prestes a assistir *A família Soprano* e uma peça de A. R. Gurney na televisão. E encerrava dizendo: "Vida melhor do que isso, impossível".

Quatro meses depois, em seu discurso na missa de Alice, Sarah disse achar que a mãe tinha se agüentado até

---

* Dança típica de casamentos judaicos. (N. do T.)

ter certeza de que suas meninas estavam casadas com o tipo de marido que ela considerava adequado para os vôos de cruzeiro. "Sei que o principal objetivo da minha mãe era proteger minha irmã, meu pai e eu", disse Sarah. "Ela queria nos proteger das preocupações, da tristeza, da solidão – coisas das quais os pais dela não haviam conseguido protegê-la". Ela terminou dizendo: "Mãe, eu sei que você está escutando em algum lugar, esperando pacientemente para me ouvir dizer estas palavras: você foi a menina mais descolada que conheci".

Alice morrera de parada cardíaca, uma semana e meia antes. Por um tempo, ela parecia estar se recuperando – desta vez, conseguimos passar o verão em Nova Scotia. Mas no final de agosto ela começou a se sentir fraca. Morreu enquanto esperava para saber se poderia receber um transplante de coração, na unidade cardiológica do Columbia-Presbyterian Hospital. Os médicos disseram que a radiação destruíra o coração dela. Em outras palavras: pode-se dizer que ela morreu por causa do tratamento, e não da doença. Mas, supostamente, foi o mesmo tratamento que deu a ela vinte e cinco anos de vida, contrariando as previsões mais assustadoras. Sei bem o que Alice, a otimista incorrigível e

ridícula, teria dito sobre um acordo que lhe permitisse ver as meninas crescerem: "Vinte e cinco anos! Que sorte!".
Também tento pensar assim. Às vezes consigo, às vezes não.

NOTA DO EDITOR

Alice Trillin escreveu um artigo publicado pelo New England Journal of Medicine em 19 de março de 1981, do qual selecionamos alguns trechos especialmente para a edição brasileira de Sobre Alice.

Sobre Dragões e Ervilhas
UMA PACIENTE DE CÂNCER CONVERSA COM MÉDICOS

Por Alice Stewart Trillin

QUANDO PERCEBI PELA PRIMEIRA VEZ que poderia estar com câncer, tive a sensação imediata de que havia entrado num lugar especial, um lugar que passei a chamar de "Terra dos Doentes". No entanto, o mais perturbador não foi descobrir que aquele era um lugar assustador e desconhecido, e sim descobrir que era um lugar trivial, comum. Eu não me sentia diferente, não sentia que minha vida mudara radicalmente a partir do momento em que passou a incluir a palavra *câncer*. Continuaram valendo as mesmas regras de sempre. O que mudou foi a percepção que os outros tinham de mim. De maneira inconsciente, e até com uma dose considerável de bondade, todos me enxergavam como uma pessoa que havia mudado de maneira irremediável – meu marido foi a única e maravilhosa exceção. Não quero exagerar minha sensação de exclusão, nem dar a idéia de que isso tenha sido dramático. Não tenho histórias de terror para contar, nada semelhante aos casos que li há alguns anos no *New York Times*; no escritório, ninguém afastou a mesa da minha; e, na escola, as pessoas não impediram seus filhos de brincar com minhas filhas, por achar que câncer é contagioso. Meus amigos são inteligentes e sensíveis demais para esse tipo de comportamento. A distância surgiu por conta da incapacidade que tinham de compreender a banalidade, a trivialidade do que estava acontecendo comigo. Ficavam surpresos com minha habilidade para "lidar com o câncer". Eu me tornara um ser especial, e não mais alguém como eles.

A preocupação genuína que tinham comigo, e a imensa distância que tornava minha situação incompreensível para eles, expressam com precisão o que senti, ao longo de toda a vida, em relação a qualquer pessoa que tenha enfrentado uma tragédia.

(...)

O câncer conecta as pessoas por ser uma doença que representa o paradoxo existencial de todos nós: temos a sensação de ser imortais, mas sabemos que vamos morrer. Para o personagem Ivan Ilitch, de Tolstoi, o silogismo que ele aprendera ainda na infância, " 'Caio é um homem, os homens são mortais, logo Caio é mortal' sempre parecera correto se aplicado a Caio, mas seguramente incorreto se aplicado a ele mesmo". Assim como Ivan Ilitch, todos nós temos um sofisticado sistema de mecanismos de defesa que nos separa de Caio. Para qualquer um que tenha tido câncer, esses mecanismos se transformam em talismãs, aos quais atribuímos poderes mágicos. Os talismãs são cruciais para nossa sanidade, mas ainda assim merecem uma reflexão.

(...)
Sendo assim, uma vez reconhecidas as limitações da magia dos médicos e da medicina, como ficamos? Temos de recorrer à nossa própria mágica, à nossa capacidade de "controlar" o corpo. Para quem não tem câncer, essa capacidade muitas vezes assume a forma de corridas matinais, dietas exóticas e meditação transcendental. Para quem tem câncer, ela toma a forma do desenvolvimento consciente da vontade de viver. Por um bom tempo depois que descobri que estava com câncer, eu adorava ouvir histórias de gente que simplesmente havia decidido não ficar doente. Lembro-me

do relato sobre um homem que tinha um tumor no pulmão, cuja esposa tinha câncer de mama, e os dois tinham muitos filhos para sustentar; ele disse: "não posso me dar ao luxo de ficar doente". Por alguma razão, o tumor desapareceu. Acho que quando ouvi essa história suspeitei de que não tivessem me contado tudo. Mas, ainda assim, havia algo que me parecia verdadeiro. Eu entendia o que ele estava dizendo. Também considerava meu câncer inaceitável; a idéia de que minhas filhas pudessem crescer sem mim era tão risível quanto a idéia de que eu pudesse esquecer de marcar as consultas com o dentista ou as sessões de vacinação contra a pólio. Eu tinha de ficar com elas, ponto final. É claro que os médicos atribuem um grande valor ao poder da vontade de vencer uma doença. Mas sempre suspeitei que os casos sobre esse poder relatados nos compêndios médicos também não continham a história toda. Minha amiga que morreu tinha mais vontade de viver do que todas as pessoas que conheci. O talismã da vontade não funcionou para ela.

Copyright © 2006 by Calvin Trillin
Copyright © da tradução 2007 by Editora Globo S.A.

Todos os direitos reservados. Nenhuma parte desta edição pode ser utilizada ou reproduzida – por qualquer meio ou forma, seja mecânico ou eletrônico, fotocópia, gravação etc. – nem apropriada ou estocada em sistema de banco de dados sem a expressa autorização da editora.

Tradução: Guilherme Velloso
Revisão: Maria Sylvia Corrêa
Capa e editoração eletrônica: Marina Mayumi Watanabe
Foto de capa: cortesia de Calvin Trillin

1ª edição

CIP – Brasil. Catalogação na Fonte
Sindicato Nacional dos Editores de Livros, RJ

T75s

Trillin, Calvin
 Sobre Alice / Calvin Trillin; tradução, Guilherme Velloso. – São Paulo : Globo, 2007.
 Tradução de: About Alice
 ISBN 978-85-250-4342-9

 1. Trillin, Calvin – Casamento. 2. Trillin, Alice Stewart. 3. Câncer – Pacientes – Biografia. 4. Escritores americanos – Século XX – Biografia. I. Título.

| 07-2344. | CDD: 928.1 | CDU. 929:821.111(73) |
| 20.06.07 | 22.06.07 | 002353 |

Direitos da edição em língua portuguesa
adquiridos por Editora Globo S.A.
Av. Jaguaré, 1.485 – 05346-902 – São Paulo, SP
www.globolivros.com.br

Este livro, composto na fonte Fairfield,
foi impresso em pólen bold 90 g na Imprensa da Fé.
São Paulo, Brasil, inverno de 2007.